JURIDICTION

DES

JUGES DE PAIX.

JURIDICTION

DES

JUGES DE PAIX,

OU

LOI DU 25 MAI 1838,

EXPLIQUÉE PAR SES MOTIFS, MISE EN RAPPORT AVEC LES ARTICLES DES DIVERS CODES ET ANNOTÉE

PAR

M. Guillaume DECAMPS,

AVOCAT A LA COUR ROYALE DE TOULOUSE, AUTEUR DE PLUSIEURS OUVRAGES DE DROIT ET ANCIEN MEMBRE DU CONGRÈS SCIENTIFIQUE DE FRANCE.

PARIS,

NÈVE, LIBRAIRE DE LA COUR DE CASSATION, PALAIS DE JUSTICE, 9.

VIDECOQ, LIBRAIRE, RUE DES GRÈS, PRÈS L'ÉCOLE DE DROIT.

Tout exemplaire non signé de l'Auteur, sera réputé contrefait et saisi.

APERÇU.

Par la combinaison de la loi que nous traitons, avec les *articles* mis en rapport des codes, il en résulte que le magistrat pourra remplir plus facilement, dans toute son étendue, son honorable mission, et appliquer la nouvelle loi aux cas particuliers qu'elle confère ; et par les *motifs* du législateur, chaque citoyen connaîtra mieux son droit. « Le temps n'est plus où l'on a pu croire, » (1) que chaque forme de procédure était protec» trice d'un droit ; tout tend à prouver que les for» mes les plus simples et les moins dispendieuses, » sont celles qui conviennent le mieux à la bonne » administration de la justice. »

Aussi, quoique le juge de paix n'ait le pouvoir de juger que dans l'étendue de sa *juridiction*, néanmoins, il a la faculté d'en affranchir les limi-

(1) M. Amilhau, rapporteur de la commission à la chambre des députés, séance du 6 Avril 1838.

tes, puisque la loi veut que les parties puissent toujours se présenter *volontairement* devant lui : auquel cas il jugera leur différend, *encore qu'il ne soit pas leur juge naturel* (1).

Mais le juge de paix ne peut jamais statuer que comme juge ; aucune convention des parties ne peut le dispenser de se conformer aux règles du droit ; il est l'organe de la loi et doit en faire une exacte application ; ce principe est confirmé par la jurisprudence.

Un examen attentif des notes que nous avons mises à cet ouvrage, fera connaître le vrai sens de l'objet qu'elles concernent, et peuvent être d'un grand secours pour l'interprétation de la loi (2). Néanmoins, il n'est pas permis au juge de distinguer, ni d'invoquer les motifs, contre son texte précis et absolu.

L'objet de la loi du 25 Mai, n'a été que d'agrandir le pouvoir judiciaire du juge de paix,

---

(1) Voyez les dispositions des art. 7 et 1003 du code de procédure civile.

(2) Voyez les art. 1156 et suivants du code civil, dont les dispositions sont plutôt des conseils que des règles impératives.

dans sa compétence *seulement* ; il ne s'agit point de forme de procéder ; l'instruction des affaires est comme précédemment, et s'il arrive que quelqu'acte extrajudiciaire soit nécessaire, il sera de si peu d'importance que les huissiers seront capables de les dresser eux-mêmes, sans être obligés de recourir à des intermédiaires qui pourraient les multiplier sans nécessité. Aussi M. Amilhau a dit (1) : « Nous avons éloigné des justices de paix tout ce qui tient à des difficultés d'exécution qui pouvaient les troubler et la compromettre en appelant des intermédiaires d'autant plus dangereux qu'ils n'offriraient aucune garantie de savoir et de moralité. »

Aujourd'hui le juge de paix est appelé à prononcer sur de plus grands intérêts ; sa délicatesse doit augmenter ; mais, pour cela, il ne doit pas permettre que l'on abuse de la procédure, par cette multiplicité de formes que semblerait nécessiter la nature de la cause ; tout doit être aussi simple que par le passé ; il faut donc suivre les

(1) Rapport de la commission du 6 Avril 1838.

mêmes éléments de procédure qui ont eu lieu jusqu'à présent, et, s'il se présente quelque circonstance particulière qui n'ait pas été prévue par le liv. 1.er du code de procédure civile, relatif à la justice de paix, alors les difficultés doivent être levées par l'interprétation des décisions concernant la procédure devant les tribunaux, et particulièrement pour ce qui sera applicable à l'espèce en litige : voilà pourquoi nous avons fait un rapprochement des articles des divers codes, qui s'expliquent mutuellement, et servent à éclairer les points les plus obscurs de la science législative.

JURIDICTION

DES

JUGES DE PAIX (1),

OU

LOI DU 25 MAI 1838 *,

(Promulguée le 6 Juin suivant).

> Pour appliquer la loi il ne suffit pas de la connaître, il faut encore la bien comprendre.
>
> M. Muteau, à la chambre des députés.

Louis-Philippe, Roi des Français, etc.

Nous avons proposé, les chambres ont adopté; nous avons ordonné et ordonnons ce qui suit :

ART. 1.er

Les juges de paix connaissent de toutes actions purement personnelles ou mobi-

* **MOTIFS.**

(M. Amilhau, rapporteur de la commission).

« Grâce aux attributions nouvelles...... la compétence des justices de paix, dans le projet de Loi, se

---

(1) Voyez tout ce qui concerne le livre 1.er de la justice de paix, du code de procédure civile, et les art. 59, 168 et 169 du même code.

lières *, en dernier ressort, jusqu'à la valeur de cent francs, et, à charge d'appel, jusqu'à la valeur de deux cents francs (1).

Suite des motifs.

compose de deux éléments parfaitement distincts : le premier pris dans l'importance des sommes ; le second est puisé, soit dans la nature des contestations, soit dans la qualité des individus, soit dans la spécialité même des *actions* qu'il s'agit de former. »

* CODE DE PROCÉDURE CIVILE.

« En matière purement personnelle ou mobilière, la citation sera donnée devant le juge du domicile du défendeur ; s'il n'a pas de domicile, devant le juge de sa résidence. » (Art. 2.)

CODE CIVIL.

« Sont meubles, par la détermination de la loi, les obligations et actions qui ont pour objet des sommes exigibles ou des effets mobiliers ; les actions ou inté-

---

(1) Dérogation à l'art. 9 du tit. 3 de la loi du 16 — 24 Août 1790, qui donnait au juge de paix la connaissance en *dernier* ressort, jusqu'à la somme ou valeur de cinquante francs ; et, en premier ressort, jusqu'à cent francs ; mais aujourd'hui tout ce que contient cette loi, intitulée : *De l'Organisation Judiciaire*, se trouve abrogé. Etant reproduit, en général, soit dans nos codes, soit dans les nouvelles lois.

ART. 2.

Les juges de paix prononcent sans appel jusqu'à la valeur de cent francs, et, à charge d'appel, jusqu'au taux de la compétence, en dernier ressort, des tribunaux de première instance (1).

Suite du code civil.

rêts dans les compagnies de finance, de commerce ou d'industrie, encore que des immeubles dépendants de ces entreprises appartiennent aux compagnies. Ces actions ou intérêts sont réputés meubles à l'égard de chaque associé seulement, tant que dure la société. — Sont aussi meubles par la détermination de la loi, les rentes perpétuelles ou viagères, soit sur l'état, soit sur des particuliers. » (Art. 529.)

---

(1) Les tribunaux civils de première instance, connaîtront, en dernier ressort, des actions personnelles et mobilières, jusqu'à la valeur de quinze cents francs de principal, et des actions immobilières jusqu'à soixante francs de revenu, déterminé, soit en rentes, soit par prix de bail. — Ces actions seront instruites et jugées comme matières sommaires. (Art. 1.er de la loi du 11 — 13 Avril 1838, sur les tribunaux de première instance.)

Lorsqu'une demande reconventionnelle ou en compensation aura été formée dans les limites de la compétence des tribunaux civils de première instance, en dernier ressort, il sera statué sur le tout sans qu'il y ait lieu à appel. — Si l'une des

Sur les contestations entre les hôteliers, aubergistes ou logeurs, et les voyageurs ou locataires en garni, pour dépense d'hôtellerie et perte ou avarie d'effets déposés dans l'auberge ou dans l'hôtel * (1).

* CODE CIVIL.

« Les Aubergistes ou hôteliers sont responsables, comme dépositaires, des effets apportés par le voyageur qui loge chez eux; le dépôt de ces sortes d'effets doit être regardé comme un dépôt nécessaire. » (Art. 1952).

« Ils sont responsables du vol ou du dommage des effets du voyageur, soit que le vol ait été fait ou que le dommage ait été causé par les domestiques et préposés de l'hôtellerie, ou par des étrangers allant et venant dans l'hôtellerie. » (Art. 1953).

---

demandes s'élève au-dessus des limites ci-dessus indiquées, le tribunal ne prononcera, sur toutes les demandes, qu'en premier ressort. — Néanmoins il sera statué, en dernier ressort sur les demandes en dommages-intérêts, lorsqu'elles seront fondées exclusivement sur la demande principale elle-même. (Art. 2, *idem.*)

(1) L'article ne s'étend pas, au cas de perte ou avarie d'objets ou marchandises dont l'aubergiste aurait pu être rendu simple dépositaire, par tout autre qu'un voyageur, ou par un voyageur ne logeant pas dans son auberge. (Sirey, t. 38, part. 2, p. 280).

Entre les voyageurs et les voituriers ou bateliers, pour retards, frais de route et perte ou avarie d'effets accompagnant les voyageurs * (1).

Suite du code civil.

« Ils ne sont pas responsables des vols faits avec force armée ou autre force majeure. » (Art. 1954).

* CODE CIVIL.

« Les voituriers par terre et par eau sont assujettis pour la garde et la conservation des choses qui leur sont confiées, aux mêmes obligations que les aubergistes, dont il est parlé au titre DU DÉPÔT ET DU SÉQUESTRE. » (Art. 1782).

« Ils répondent non-seulement de ce qu'ils ont déjà reçu dans leur bâtiment ou voiture, mais encore de ce qui leur a été remis sur le port ou dans l'entrepôt, pour être placé dans leur bâtiment ou voiture. » (Art. 1783).

« Ils sont responsables de la perte et des avaries des choses qui leur sont confiées, à moins qu'ils ne prouvent qu'elles ont été perdues et avariées par cas fortuit ou force majeure. » (Art. 1784).

« Les entrepreneurs de voitures publiques par terre et par eau, et ceux des roulages publics, doi-

(1) Voyez les art. 103 à 108 du code de commerce, et 386, § 4, et 387 du code pénal.

Entre les voyageurs et les carrossiers ou autres ouvriers, pour fournitures, salaires et réparations faites aux voitures de voyage. *

Suite du code civil.

vent tenir registre de l'argent, des effets et des paquets dont ils se chargent. » (Art. 1785).

« Les entrepreneurs et directeurs de voitures et roulages publics, les maîtres de barques et navires, sont en outre assujettis à des réglements particuliers qui font la loi entr'eux et les autres citoyens. » (Art. 1786).

* **MOTIFS.**

(M. le garde des sceaux.)

« Dans la pratique, quand l'aubergiste n'est pas payé, il retient les effets du voyageur, et le voyageur, dont on garde la malle, par exemple, s'adresse au juge de paix local..... Il en est de même pour les réparations de voitures; ainsi ce sera presque toujours le juge de paix du domicile du défendeur qui prononcera.

» Mais supposez que le voyageur soit parti..... alors ..... il faut rester dans le droit *commun* et ne pas établir une faculté qui serait abusive. »

(M. Amilhau, rapporteur de la commission).

« Il faut considérer le voyageur, dans plusieurs circonstances, d'après les divers paragraphes dont

ART. 3.

Les juges de paix connaissent, sans appel, jusqu'à la valeur de cent francs, et, à charge d'appel, à quelque valeur que la demande puisse s'élever :

Des actions en paiement de loyers ou fermages (1), des congés *, des demandes en résiliation de baux, fondées sur le seul défaut de paiement des loyers et fermages (2);

Suite des motifs.

s'occupe cet article; il ne faut pas le considérer seulement à l'endroit où il aura affaire avec le carrossier ou l'hôtelier, mais encore à l'époque où il est déjà bien loin de ce point. »

* CODE CIVIL.

« Si le bail a été fait sans écrit, l'une des parties ne pourra donner congé à l'autre qu'en observant les délais fixés par l'usage des lieux. » (Art. 1736).

« Le bail cesse, de plein droit, à l'expiration du terme fixé, lorsqu'il a été fait par écrit, sans qu'il soit nécessaire de donner congé. » (Art. 1737).

---

(1) Voyez les art. 584, 586 et 1716 du code civil, 819 à 821 du code de procédure civile.

(2) Voyez les art. 1722 et suivants du code civil.

Dans la séance du 19 Juin 1837, M. Gasparin, rapporteur

des expulsions des lieux *, et des demandes en validité de saisie-gagerie ** ; le tout

* CODE CIVIL.

« Si le bailleur vend la chose louée, l'acquéreur ne peut expulser le fermier ou le locataire qui a un bail authentique ou dont la date est certaine, à moins qu'il ne se soit réservé ce droit par le contrat de bail. » (Art. 1743).

« S'il a été convenu, lors du bail, qu'en cas de vente, l'acquéreur pourrait expulser le fermier ou locataire, et qu'il n'ait été fait aucune stipulation sur les dommages et intérêts, le bailleur est tenu d'indemniser le fermier ou le locataire de la manière suivante. » (Art. 1744) ; on peut consulter les art. 1748, 1752, 1760 et 1761 du même code.

MOTIFS.

(M. Amilhau, rapporteur de la commission).

« Lorsqu'il s'agit d'une *expulsion de lieux*, lorsque les faits ne sont pas bien prouvés au juge de paix, laissez-lui les moyens d'accorder des délais, de faire ce qu'il croira convenable, dans l'intérêt de la justice. »

** CODE DE PROCÉDURE CIVILE.

« Il ne pourra être procédé à la vente, sur les

à la chambre des députés, observa que, dès l'instant qu'il y aura à apprécier les conditions du contrat de LOUAGE, *le juge de paix cessera d'être compétant.*

lorsque les locations verbales ou par écrit n'excèdent pas annuellement, à Paris, quatre cents francs et deux cents francs par tout ailleurs (1).

Si le prix principal du bail consiste en denrées ou prestations en nature, appréciables d'après les mercuriales, l'évaluation sera faite sur celles du jour de l'échéance, lorsqu'il s'agira du paiement des fermages. Dans tous les autres cas, elle aura lieu suivant les mercuriales du mois qui aura précédé la demande; si le prix principal du bail consiste en prestations non appréciables, d'après les mercuriales, ou s'il s'agit de baux à colons partiaires (2), le juge de paix

Suite du code de procédure civile.

saisies énoncées au présent titre, qu'après qu'elles auront été déclarées valables; le saisi, dans le cas de l'article 821, le saisissant, dans le cas de l'article 823, ou le gardien, s'il y en a été établi, seront condamnés par corps à la représentation des effets. » (Art. 824).

(1) Les dispositions de ce paragraphe ne s'appliquent pas aux baux à cheptel. (Sirey, t. 38, part. 2, p. 281.)

(2) Voyez les art. 1291, § 2, 1827 à 1831 du code civil, et 100 du code de procédure civile.

déterminera la compétence, en prenant pour base, du revenu de la propriété, le principal de la contribution foncière de l'année courante, multiplié par cinq.

ART. 4.

Les juges de paix connaissent sans appel, jusqu'à la valeur de cent francs, et à charge d'appel, jusqu'au taux de la compétence, en dernier ressort, des tribunaux de première instance (1) :

1.° Des indemnités réclamées par le locataire ou fermier pour non jouissance provenant du fait du propriétaire * (2), lors-

* CODE CIVIL.

« S'il a été convenu, lors du bail, qu'en cas de vente l'acquéreur pourrait expulser le fermier ou locataire, et qu'il n'ait été fait aucune stipulation sur les dommages et intérêts, le bailleur est tenu d'indemni-

---

(1) La compétence des tribunaux de première instance, en dernier ressort, est de 1500 fr. Voyez la loi du 13 Avril 1838, dont les dispositions sont rapportées sous le § 1.er de l'art. 2 de la présente loi.

(2) Voyez un ordonnance royale du 10 Février 1816, portant que la résiliation d'un bail d'octroi comporte une *indemnité* particulière relative aux chances spéciales.

que le droit à une indemnité n'est pas contesté *.

2.° des dégradations et pertes, dans les cas prévus par les art. 1732 et 1735 du code civil **.

Suite du code civil.

ser le fermier ou le locataire de la manière suivante. » (Art. 1744).

« S'il s'agit d'une maison, appartement ou boutique, le bailleur paie, à titre de dommages et intérêts au locataire évincé, une somme égale au prix du loyer, pendant le temps qui, suivant l'usage des lieux, est accordé entre le congé et la sortie. » (Art. 1745).

« S'il s'agit de biens ruraux, l'indemnité que le bailleur doit payer au fermier, est du tiers du prix du bail pour tout le temps qui reste à courir. » (Art. 1746).

« L'indemnité se réglera par experts, s'il s'agit de manufactures, usines ou autres établissements qui exigent de grandes avances. » (Art. 1747).

* CODE DE PROCÉDURE CIVILE.

« Elle sera (la citation donnée) devant le juge de la situation de l'objet litigieux, lorsqu'il s'agira des indemnités prétendues par le fermier ou locataire, pour non jouissance, lorsque le droit ne sera pas contesté. (Art. 3, § 4).

** CODE CIVIL.

« Il répond (le preneur) des dégradations ou des

Néanmoins, le juge de paix ne connaît des pertes causées par incendie ou inondation que dans les limites posées dar l'art. 1.er de la présente loi.

ART. 5.

Les juges de paix connaissent également sans appel, jusqu'à la valeur de cent francs, et à charge d'appel, à quelque valeur que la demande puisse s'élever :

1.° Des actions pour dommages faits aux champs, fruits et récoltes, soit par l'homme, soit par les animaux *, et de celles relati-

Suite du code civil.

pertes qui arrivent pendant sa jouissance, à moins qu'il ne prouve qu'elles ont eu lieu sans sa faute. » (Art. 1732).

« Le preneur est tenu des dégradations et des pertes qui arrivent par le fait des personnes de sa maison ou de ses sous-locataires. » (Art. 1735) (1).

* CODE PÉNAL.

« Quiconque aura coupé des grains ou des fourrages qu'il s'avait appartenir à autrui, sera puni d'un emprisonnement qui ne sera pas au-dessous de six jours, ni au-dessus de deux mois. » (Art. 449).

---

(1) Les dispositions de l'art. 1755 du même code peuvent être consultées avec avantage.

ves à l'élagage des arbres ou haies *, et au curage, soit des fossés, soit des canaux servant à l'irrigation des propriétés (1) ou au

Suite du code pénal.

« Dans les cas prévus par les art. 444 et suivants, jusqu'au précédent article inclusivement, il sera prononcé une amende qui ne pourra excéder le quart des restitutions et dommages-intérêts, ni être au-dessous de seize francs. » (Art. 455).

* CODE FORESTIER.

« Les propriétaires riverains des bois et forêts ne peuvent se prévaloir de l'art. 672 du code civil pour *l'élagage* des lisières desdits bois et forêts, si ces arbres de lisières ont plus de trente ans.—Tout élagage qui serait exécuté sans l'autorisation des propriétaires des bois et forêts, donnera lieu à l'application des peines portées par l'art. 196. » (Art. 150.)

« Ceux qui, dans les bois et forêts, auront éhoupé, écorcé ou mutilé des arbres, ou qui en auront coupé les principales branches, seront punis comme s'ils les avaient abattus par le pied. » (Art. 196) (2).

---

(1) Le congrès scientifique de France a déclaré que, lors de l'irrigation des prairies, etc., l'on doit éviter une stagnation prolongée des eaux, à raison de la salubrité publique. (*Séance du* 16 *Septembre* 1836).

(2) Voyez le tableau contenant tarif des amendes à prononcer, fixé par l'art. 192 du même code.

mouvement des usines *, lorsque les droits de propriété ou de servitude ne sont pas contestés (1).

2.° Des réparations locatives des maisons ou fermes, mises par la loi à la charge du locataire ** (2).

* CODE CIVIL.

« Celui dont la propriété borde une eau courante, autre que celle qui est déclarée dépendance du domaine public par l'article 538, au titre DE LA DISTINCTION DES BIENS, peut s'en servir à son passage pour l'irrigation de ses propriétés. » (§ 1.er de l'art. 644).

CODE DE PROCÉDURE CIVILE.

« Dans tous les cas où la vue du lieu peut être utile pour l'intelligence des dépositions, et spécialement dans les actions...., pour entreprises sur les cours d'eau, le juge de paix se transportera, s'il le croit nécessaire, sur le lieu, et ordonnera que les témoins y seront entendus. » (Art. 38).

** CODE CIVIL.

« Les réparations locatives ou de menu entretien, dont le locataire est tenu, s'il n'y a clause contraire,

---

(1) Voyez les art. 456 et 457 du code pénal, et le § 1.er de l'art. 6 de la présente loi, avec les notes qui la concernent.

(2) Voyez notre bibliothèque de droit et de jurisprudence. *Verbo*, réparations, § 2.

3.° Des contestations relatives aux engagements respectifs des gens de travail, au jour, au mois et à l'année, et de ceux qui les emploient; des maîtres et des domestiques, ou gens de service à gages; des maîtres et de leurs ouvriers ou apprentis *, sans néanmoins qu'il soit dérogé aux

Suite du code civil.

sont celles désignées comme telles par l'usage des lieux, et, entr'autres, les réparations à faire, — Aux âtres, contre-cœurs, chambranles et tablettes de cheminées; — Au récrépiment du bas des murailles des appartements et autres lieux d'habitation, à la hauteur d'un mètre; — Aux pavés et carreaux des chambres, lorsqu'il y en a seulement quelques-uns de cassés; — Aux vitres, à moins qu'elles ne soient cassées par la grêle, ou autres accidents extraordinaires et de force majeure, dont le locataire ne peut être tenu; — Aux portes, croisées, planches de cloison ou de fermeture de boutiques, gonds, targettes et serrures. » (Art. 1754).

« Aucune des réparations réputées locatives n'est à la charge des locataires, quand elles ne sont occasionnées que par vétusté ou force majeure. » (Art. 1755).

* CODE CIVIL.

« Il y a trois espèces principales de louage d'ou-

lois et réglements relatifs à la juridiction des prud'hommes (2).

Suite du code civil.

vrage et d'industrie : — 1.° Le louage des gens de travail qui s'engagent au service de quelqu'un ; — 2.° Celui des voituriers, tant par terre que par eau, qui se chargent du transport des personnes ou des marchandises ; — 3.° Celui des entrepreneurs d'ouvrages par suite de devis ou marchés. » (Art. 1779).

« On ne peut engager ses services qu'à temps, ou pour une entreprise déterminée. » (Art. 1780) (1).

« Le maître est cru sur son affirmation ; — Pour la quotité des gages ; — Pour le paiement du salaire de l'année échue ; — Et pour les à comptes donnés pour l'année courante. » (Art. 1781).

---

(1) Les domestiques ou gens de travail, loués pour les travaux de la campagne, le sont *ordinairement* pour un an, à moins de convention contraire ; ces domestiques ou gens à gages, ne peuvent quitter leurs maîtres avant l'expiration du temps convenu ; la justice exige que cette obligation soit réciproque, à moins d'une cause, dont la légitimité est subordonnée à la décision du juge. (Delvincourt, t. 3, p. 440, note 4).

(2) Dans les villes où il existe des conseils de prud'hommes, c'est à eux à terminer, par la voie de la conciliation, les différends qui peuvent s'élever entre des maîtres et des ouvriers, chefs d'ateliers, compagnons et apprentis, suivant une loi du 18 Mars 1806 et un réglement du 11 Juin 1809.

4.° Des contestations relatives au paiement des nourrices, sauf ce qui est prescrit par les lois et réglements d'administration publique, à l'égard des bureaux de nourrice de la ville de Paris (1) et de toutes les autres villes (2).

5.° Des actions civiles pour diffamation verbale (3) et pour injures publiques ou non publiques (4), verbales ou par

---

(1) « Le recouvrement du prix des mois de nourrice des enfants de la ville et banlieue de la ville de Paris, sera fait désormais d'après un rôle qui sera rendu exécutoire par le préfet du département, lequel, en cas de retard de paiement, pourra décerner contrainte comme pour les contributions, sans que la voie de la contrainte par corps puisse jamais avoir lieu. » (Loi du 25 Mars 1806.)

« Il sera statué par le conseil de préfecture, présidé par le préfet du département, sur les oppositions aux rôles ou contraintes, et sur les contraventions aux lois et réglements touchant le bureau des nourrices. » (Art. 2.)

« Voyez le décret du 30 Juin 1806 relatif à l'administration du bureau des nourrices de la ville de Paris. »

(2) Chaque administration, dans les *villes* où il existe des bureaux de nourrices, peut avoir des réglements particuliers pour la surveillance et la police à exercer envers les nourrices, par les maires des communes qu'elles habitent.

(3) Voyez l'art. 14 de la loi du 26 Mai 1819, et la loi du 25 Mars 1822.

(4) L'action en répression d'injures non publiques est sou-

écrit (1), autrement que par la voie de la presse *, des mêmes actions pour rixes ou voies de fait **, le tout lorsque les parties ne se sont pas pourvues *par la voie criminelle* (2).

* MOTIFS.

(M. Amilhau, rapporteur de la commission).

« Les injures faites par la voie de la presse *ne* sont, à cause de leur publicité, comparables à aucune autre ; si vous vous occupez de la gravité du délit, il est nécessairement plus considérable que si l'injure avait été faite par des écrits à la main, il a plus de portée, prouve plus de malice, et produit un plus fâcheux résultat. »

** CODE DE PROCÉDURE CIVILE.

« Ceux qui, par voie de fait, empêcheraient l'établissement du gardien, ou qui enlèveraient et détourneraient des effets saisis, seront poursuivis conformément au code d'instruction criminelle. » (Art. 600).

---

mise à la prescription d'un an, établie par l'art. 640 du code d'instruction criminelle. (Sirey, t. 38, part. 1.re, p. 830).

(1) Voyez les dispositions des art. 13 et suivants de la loi du 17 Mai 1819.

Lorsque celui qui est outragé, tourne à l'instant même, contre l'agresseur, une injure équivalente, dans ce cas il existe une fin de non recevoir contre l'action d'injures; c'est le seul moyen d'éteindre le germe des discordes et d'espérer une réconciliation.

(2) Voyez l'art. 3 du code d'instruction criminelle ; celui

ART. 6.

Les juges de paix connaissent en outre, à charge d'appel :

1.° Des entreprises commises dans l'année sur les cours d'eau servant à l'irrigation des propriétés (1), et au mouvement des usines et moulins (2), sans préjudice des attribu-

qui se plaint d'une *rixe* ou d'une *voie de fait* que le code pénal n'a rangée ni dans la classe des délits, ni dans celle des contraventions, peut demander au juge de paix, comme juge civil, des dommages-intérêts auxquels il croit avoir droit : mais il y a plus d'avantage de se pourvoir par la voie criminelle, attendu que la contrainte par corps peut être exercée pour le paiement des condamnations qu'on a obtenues, suivant les dispositions des art. 33, 38 et 39 de la loi du 17 Avril 1832.

(1) Voyez les art. 640 à 645 du code civil, et notre *Manuel des Propriétaires riverains*, pages 114 et 115. En général les cours d'eau ne sont pas susceptibles d'une propriété privée, et l'usage en est toujours subordonné à l'intérêt public ; l'action, à cet égard, est imprescriptible.

Par arrêt du 10 Juillet 1838, rendu par la cour de cassation, entre Ravanas et Laurent, il a été décidé qu'un garde champêtre PARTICULIER a le droit de constater les contraventions aux réglements des eaux, commises par des propriétaires riverains sur toute l'étendue de leur cours, et particulièrement sur les terrains non clos des propriétaires, autres que les concessionnaires de ces eaux, sans excéder ses pouvoirs. (Sirey, t. 38, part. 1.re, p. 717).

(2) Voyez un arrêt rapporté par Sirey, t. 38, part. 1.re page

tions de l'autorité administrative dans les cas déterminés par les lois et par les réglements (1), des dénonciations de nouvel œuvre, complaintes, actions en réintégrande*, et autres actions possessoires fondées

* CODE CIVIL.

« La contrainte par corps a lieu, en cas de *réintégrande*, pour le délaissement, ordonné par justice, d'un fonds dont le propriétaire a été dépouillé par

---

812, relatif à la concession des eaux; et l'art. 457 du code pénal, ainsi que Pardessus, Traité des Servitudes, 7.me édit., p. 134.

Seront punis d'une amende qui ne pourra excéder le quart des restitutions et des dommages-intérêts, ni être au-dessous de cinquante francs, les propriétaires ou fermiers, ou toute personne jouissant de moulins, usines ou étangs, qui, par l'élévation du déversoir de leurs eaux, au-dessus de la hauteur déterminée par l'autorité compétente, auront inondé les chemins ou les propriétés d'autrui. — S'il est résulté du fait quelques dégradations, la peine sera, outre l'amende, un emprisonnement de six jours à un mois. (Art. 457 du code pénal).

Les motifs d'utilité locale qui pourraient se rattacher à l'existence des *moulins* et *usines*, sur un cours d'eau qui ne fait pas partie du domaine public, ne peuvent empêcher que les contestations, au sujet de l'usage de ces eaux, soient portées devant les tribunaux ordinaires et non à l'autorité administrative.

(1) L'administration est seule compétente pour savoir si telles ou telles personnes peuvent ou non *détourner* un cours d'eau.

sur des faits également commis dans l'année (1).

2.° Des actions en bornage *, et de celles relatives à la distance prescrite par la loi, les réglements particuliers des lieux pour les plantations d'arbres ou de haies (3),

Suite du code civil.

voie de fait, pour la restitution des fruits qui en ont été perçus pendant l'indue possession, et pour le paiement des dommages et intérêts adjugés au propriétaire. » (Art. 2060, § 2).

* CODE CIVIL.

« Tout propriétaire peut obliger son voisin au bornage de leurs propriétés contiguës: le bornage se fait à frais communs. » (Art. 646) (2).

---

(1) Voyez l'art. 2228 et suivants du code civil, et les art. 23 à 27 du code de procédure civile.

L'année pour intenter l'action possessoire, court du jour même des faits du trouble, et non du jour où le trouble a été connu.

(2) Voyez les art. 389 et 456 du code pénal, ainsi que notre bibliothèque de droit et de jurisprudence, *verbo* bornage, § 1.er, et M. Pardessus, Traité des Servitudes, 7.me édition, p. 175.

La loi a entendu attribuer au juge de paix, le déplacement des bornes, et la connaissance en bornage provisoire, dans une question de possession.

(3) Il n'est permis de planter des arbres de haute tige qu'à la distance prescrite par les réglements particuliers actuellement

lorsque la propriété ou les titres qui l'établissent ne sont pas contestés *.

3.º Des actions relatives aux constructions

* **MOTIFS.**

« M. Taillandier, orateur, demande à la commission comment elle peut supposer qu'un procès *en bornage* s'établira lorsqu'il n'y aura pas *contestation sur le titre*; il est évident que si l'on pense qu'il y aura contestation sur le titre ou la propriété, il y aura lieu à procès... cela donnera lieu à mille difficultés de compétance. »

« M. Amilhau, rapporteur, répond que lorsque le titre n'est pas contesté ou que les parties ne sont pas d'accord sur le lieu du *bornage*, chacun remet ses titres au juge de paix, qui fait une visite des lieux, et qui ordonne que la borne sera placée à l'endroit déterminé par un expert; si l'on *conteste le titre*, alors c'est une question de propriété, il faut aller devant les tribunaux ordinaires. Voilà la distinction que la commission a établie. »

---

existants, ou par les usages constants et reconnus, et, à défaut de réglements et usages, qu'à la distance de deux mètres de la ligne séparative des deux héritages, pour les arbres à haute tige, et à la distance d'un demi-mètre pour les autres arbres et haies vives. (Art. 671 du code civil).

Le voisin peut exiger que les arbres et haies plantés à une moindre distance soient arrachés. (Art. 672, § 1.er du même code).

et travaux énoncés dans l'art. 674 du code civil *, lorsque la propriété ou la mitoyenneté du mur ne sont pas contestées.

4.° Des demandes en pension alimentaire n'excédant pas cent cinquante francs par an, et seulement lorsqu'elles seront formées en vertu des art. 205, 206 et 207 du code civil (3).

* CODE CIVIL.

« Celui qui fait creuser un puits (1) ou une fosse d'aisance près d'un mur mitoyen ou non (2); celui qui veut y construire cheminée ou âtre, forge, four ou fourneau; — Y adosser une étable; — Ou établir contre ce mur un magasin de sel ou amas de matières corrosives, — Est obligé à laisser la distance prescrite par les réglements et usages particuliers sur ces objets, ou à faire les ouvrages prescrits par les mêmes réglements et usages, pour éviter de nuire au voisin. » (Art. 674).

---

(1) On ne peut, sans autorisation de l'administration, creuser des puits, à moins de cent mètres de distance des cimetières. (Décret du 7 Mars 1808).

(2) Voyez un réglement relatif aux fosses d'aisance pour la ville de Paris, en date du 10 Mars 1808, *en vingt-quatre articles.*

(3) Voyez le § 2 de l'art. 11 de la présente loi.

L'obligation des aliments est solidaire à l'égard de ceux qui doivent les fournir, c'est-à-dire, que l'ascendant qui est dans

ART. 7.

Les juges de paix connaissent de toutes les demandes reconventionelles (1), ou en

---

le besoin peut s'adresser à celui de ses descendants qu'il veut choisir pour lui demander la totalité de la pension alimentaire, s'il est en état de la payer. L'ascendant est déjà assez malheureux d'être obligé de demander du pain à ses enfants, sans qu'on le force encore de diviser son action entre chacun d'eux. D'ailleurs chaque enfant, considéré seul, lorsqu'il a le moyen, est obligé, par le droit naturel, de fournir à son père la totalité et non pas une partie de ce qui lui est nécessaire pour sa subsistance. On veut bien lui permettre, lorsque ses frères ont également le moyen, d'exercer, contr'eux, un recours; mais cela ne diminue en rien son obligation à l'égard de son père.

Quant à la quotité de la part que chaque enfant doit rembourser à celui qui a payé, elle est égale, s'ils ont tous également le moyen d'y fournir, sinon, elle est proportionnée aux facultés de chacun d'eux, de manière que si un ou plusieurs d'entr'eux, sont hors d'état d'y contribuer, la pension est entièrement à la charge des autres. Les mêmes dispositions doivent s'appliquer aux ascendants qui se trouvent au même degré, et qui doivent solidairement des aliments à ceux de leurs descendants qui sont dans le besoin. (Delvincourt, t. 1.er, p. 378, note 5).

(1) Voyez les motifs de l'art. 8 de la présente loi.

Si la demande *reconventionnelle* présentait des difficultés sérieuses et de nature à entraîner des longueurs considérables, il serait de la sagesse du juge de la renvoyer devant le juge naturel du demandeur (attendu qu'il devient défendeur), et de

compensation (1) qui, par leur nature ou leur valeur, sont dans les limites de leur compétence, alors même que, dans les cas prévus par l'article premier, ces demandes, réunies à la demande principale, s'éléveraient au-dessus de deux cents francs; ils connaissent en outre à quelques sommes qu'elles puissent monter, des demandes reconventionelles en dommages-intérêts (2), fondées exclusivement sur la demande principale elle-même *.

*** MOTIFS.**

(M. le garde des sceaux).

« Quant aux demandes reconventionnelles ou en compensation, elles seront appréciées séparément de la demande principale; ici nul concert ne peut être supposé entre les mêmes plaideurs:

---

statuer définitivement sur l'action originaire. (Henrion de Pensey, Compétence des Juges de Paix, p. 60, § 2.)

(1) Voyez les art. 1289 et suivants du code civil, une dette est susceptible de compensation, si elle peut être liquidée sans retard préjudiciable à celui à qui elle est opposée.

On ne peut opposer la prescription si elle n'était pas acquise au moment où la compensation a eu lieu; peu importe que la compensation ne soit opposée qu'après l'expiration du temps nécessaire pour prescrire.

(2) Voyez l'art. 1229 du code civil.

*

ART. 8.

Lorsque chacune des demandes principales, reconventionelles ou en compensation, sera dans les limites de la compétence du juge de paix, en dernier ressort, il prononcera sans qu'il y ait lieu à appel.

Si l'une de ces demandes n'est susceptible d'être jugée qu'à charge d'appel, le juge de paix ne prononcera sur toutes qu'en premier ressort.

Si la demande reconventionelle ou en compensation excède les limites de la compétence, il pourra (1), soit retenir le jugement de la demande principale, soit renvoyer sur le tout, les parties à se pour-

Suite des motifs.

il existe véritablement deux causes plus ou moins corrélatives entr'elles ; le juge connaîtra donc de l'une comme de l'autre, si, considérées isolément, elles n'excèdent pas sa compétence, et il ne statuera qu'en premier ressort sur le tout, si l'une des deux dépasse le taux du dernier ressort. »

---

(1) Par ces mots, *il pourra*, il semble que le juge doit interpréter la loi; dans ce cas il doit conformer ses jugements plutôt à l'équité naturelle qu'à la rigueur de la loi.

voir devant le tribunal de première instance, sans préliminaire de conciliation *.

ART. 9.

Lorsque plusieurs demandes formées par la même partie, seront réunies dans une même instance, le juge de paix ne prononcera qu'en premier ressort, si leur valeur totale s'élève au-dessus de cent francs ; lors

* **MOTIFS.**

« M. Mimaud, orateur, déclare que, comme le principe fondamental est que le juge de l'action doit toujours être le juge de l'exception, il vote contre la faculté accordée au juge de paix de *séparer*, dans aucun cas, l'action principale de la demande reconventionelle ou en compensation. »

« M. Amilhau, rapporteur, répond qu'il est impossible d'admettre l'amendement sans retrancher la disposition introduite relativement aux demandes reconventionelles, sans dénaturer toutes les attributions données aux juges de paix ; il ne tendrait à rien moins qu'à donner la faculté d'éluder indéfiniment la compétence du juge de paix, et à faire renvoyer les parties devant une juridiction que l'on a voulu éviter.... La compensation ne peut être réelle que quand le mérite des deux demandes est reconnu ou qu'il y a dette justifiée des deux côtés. »

même que quelqu'une de ces demandes serait inférieure à cette somme; il sera *incompétant* sur le tout, si ces demandes excèdent, par leur réunion, les limites de sa *juridiction* (1).

ART. 10.

Dans le cas où la saisie-gagerie ne peut avoir lieu qu'en vertu de permission de justice, cette permission sera accordée par le juge de paix du lieu où la saisie devra être faite, toutes les fois que les causes rentreront dans sa compétence * (2).

* CODE DE PROCÉDURE CIVILE.

« Tout créancier, même sans titre, peut, sans commandement préalable, mais avec permission du président du tribunal de première instance, *et même du juge de paix*, faire saisir les effets trouvés en la

---

(1) Si le juge est incompétent à raison de la matière, puisque la demande excéderait *les limites de sa juridiction*, il doit ordonner d'office le renvoi de la cause, quoiqu'il n'ait pas été demandé; mais cette demande peut être proposée en tout état de cause; dans tous les cas, les dispositions de l'art. 454 du code de procédure civile, sont applicables aux jugements des justices de paix.

(2) Voyez le § 2 de l'art. 3 de la présente loi ou juridiction.

S'il y a opposition de la part des tiers pour des causes et pour des sommes qui, réunies, excéderaient cette compétence, le jugement en sera déféré aux tribunaux de première instance.

ART. 11.

L'exécution provisoire des jugements sera ordonnée dans tous les cas où il y a titre authentique (1), promesse reconnue (2) ou condamnation précédente dont il n'y a point eu appel (3).

Suite du code de procédure civile.

commune qu'il habite, appartenant à son débiteur forain. » (art. 822).

---

(1) Voyez les dispositions de l'art. 1317 et suivants du code civil.

Nous observons que le jugement doit être rendu entre les mêmes parties qui ont comparu dans l'acte authentique, et que ce titre ne peut pas être opposé à un tiers.

(2) Voyez l'art. 1322 et suivants du code civil.

Il faut entendre que la *promesse* est reconnue ou par la partie à l'audience, ou par un jugement qui en a prononcé l'avœu et reconnaissance.

(3) Cette disposition est conforme au § 1er de l'art. 135 du code de procédure civile, et doit être entendue en ce sens, c'est-à-dire, lorsque le jugement est basé sur un précédent jugement rendu entre les mêmes parties, et qui n'a pas été attaqué dans

Dans tous les autres cas, le juge pourra ordonner l'exécution provisoire (1), nonobstant l'appel sans caution, lorsqu'il s'agira de pension alimentaire (2), ou lorsque la somme n'excédera pas trois cents francs, et avec caution au-dessus de cette somme (3) *.

* CODE DE PROCÉDURE CIVILE.

« Si les juges ont omis de prononcer l'exécution provisoire, ils ne pourront l'ordonner par un second jugement, sauf aux parties à la demander sur l'appel. » (Art. 136).

L'exécution provisoire ne pourra être ordonnée pour les dépens, quand même ils seraient adjugés pour tenir lieu de dommages et intérêts. (Art. 137).

---

le délai fixé par la loi pour en appeler, dès lors il a acquis l'autorité de la *chose jugée*; voyez les dispositions de l'art. 1351 du code civil et l'art 478 du code de procédure civile.

(1) *L'exécution provisoire*, étant dans l'intérêt des parties, doit être demandée en justice; elle ne peut être prononcée d'office par le juge de paix qui a la faculté de l'ordonner ou de la refuser, puisque la loi dit: *Le juge pourra*, autrement le législateur l'aurait lui-même ordonnée en se servant de ces expressions, *dans tous les autres cas le jugement sera exécuté* provisoirement nonobstant opposition ou appel.

(2) Voyez le § 4 de l'art. 6 de la présente loi.

(3) On a voulu déroger aux dispositions de l'art. 17 du code de procédure civile.

La caution sera reçue par le juge de paix *.

ART. 12.

S'il y a péril en la demeure, l'exécution provisoire pourra être ordonnée sur la minute du jugement, avec ou sans caution,

* **MOTIFS.**

« On a demandé quel sera le mode de réception de la caution, attendu que le code de procédure civile renferme un titre entier intitulé : Des Réceptions de Caution ; on a répondu que le juge de paix recevra la caution à l'audience » (1).

---

(1). Sans doute la caution sera reçue à l'audience, mais c'est la manière de la recevoir ; s'il y a lieu à discuter cette caution, d'examiner ses titres de solvabilité, il faudra bien se conformer aux dispositions des art. 517, 519 et suivants du code de procédure civile, d'ailleurs l'art. 440 du même code indique la forme de procéder pour l'admission de la caution, en cas de contestation, devant le tribunal de commerce, où tout se fait sans le ministère d'avoués.

Mais nous pouvons opposer l'usage de procéder, en vertu de l'art. 21 du tarif, qui est de faire une sommation pour être présent à la *soumission* que fait la caution, au greffe de la justice de paix, en déposant ses titres, et ensuite pour la réception de cette caution, le tout basé sur les dispositions de l'art. 17 du code de procédure civile, qui n'a fait que recevoir une extension par la présente loi.

conformément aux dispositions de l'article précédent (1).

ART. 13.

L'appel des jugements des juges de paix ne sera recevable ni avant les trois jours qui suivront celui de la prononciation des jugements, *à moins qu'il n'y ait lieu à exécution provisoire*, ni après les trente jours (2) qui sui-

(1) Voyez les art. 155, § 2, 811 et 1037 du code de procédure civile, et l'art. 17 de la présente loi.

Lorsqu'il y a *péril en la demeure*, les règles et les délais de la procédure sont abrégés; plusieurs cas peuvent se présenter où des retards apportés à telle mesure, causeraient une perte; mais dans ces cas il faut que le juge déclare dans son jugement qu'il y a *urgence*.

Voyez Sirey, t. 11, part. 1re, p. 64.

(2) Ces trente jours doivent-ils être pris ici comme l'équivalent d'un mois? La réponse serait difficile si l'on s'en rapportait au langage tenu par le garde des sceaux, dans l'exposé des motifs de cette disposition, et par les rapporteurs dans la discussion. « Le délai pour appeler, a dit M. le garde des sceaux, lorsque la signification du jugement a été faite, a pour destination de donner à la partie le temps de s'enquérir, de son droit, et de consulter afin qu'elle sache s'il lui convient de tenter une seconde épreuve; un mois doit suffire pour prendre une détermination.

C'est donc à un mois, ajoute le ministre, que le projet réduit le délai pour faire appel, en l'augmentant du délai des distances. « (Moniteur du 12 Mai 1837, pag. 1157). — « Le but de cet article, disait M. Gasparin, rapporteur à la chambre

vront la signification, à l'égard des personnes domiciliées dans le canton.

Les personnes domiciliées hors du canton auront, pour interjeter appel, outre le délai de trente jours, le délai réglé par les art. 73 et 1033 du code de procédure civile *.

* **MOTIFS.**

(M. Amilhau, rapporteur de la commission).

« Nous devions donner aux parties éloignées, contre lesquelles était fait l'appel, les moyens d'être averties et de se défendre.... Nous avons voulu seulement que le délai des distances fut indiqué, parce que si l'on n'avait pas dit que le délai de l'appel serait augmenté en raison des distances, il en serait résulté

---

des pairs, est de réduire de trois mois à un, le délai pendant lequel on peut appeler des jugements des juges de paix ; le délai actuel a toujours paru excessif.... Nous avons pensé, avec le gouvernement, ajoute plus loin M. le rapporteur, que trente jours doivent suffire pour les causes de la justice de paix. » (Moniteur du 20 Juin 1837, pag. 1576). — « Cette disposition, dit ensuite M. Amilhau, rapporteur à la chambre des députés, qui réduit à trente jours le délai de l'appel, a été admise sans difficulté. » (Moniteur du 9 Avril 1838, pag. 852). — Quoi qu'il en soit de cette variation de langage et de l'emploi alternatif des expressions un mois et trente jours, qui ne sont pas exactement l'équivalent l'une de l'autre, nous pensons que c'est à la dernière qu'il faut s'attacher parce qu'elle se trouve écrite dans la loi. (Sirey, t. 38, part. 2, p. 285).

ART. 14.

Ne sera pas recevable l'appel des jugements mal à propos qualifiés en premier ressort, ou qui, étant en dernier ressort, n'auraient point été qualifiés (1).

Seront sujets à l'appel les jugements qualifiés en dernier ressort, s'ils ont statué, soit sur les questions de compétence (2),

Suite des motifs.

qu'on n'aurait eu qu'un mois pour interjeter appel; l'article 446 du code de procédure civile recevra son exécution comme toutes les autres dispositions du droit commun.

---

(1) La cour de cassation a décidé, le 9 Juillet 1812, entre la régie de l'enregistrement et le S.r Beaudouin, qu'un jugement qualifié en *dernier* ressort dans une matière où le juge ne pouvait statuer qu'en *premier* ressort, est toujours susceptible d'appel, et ne peut être attaqué par voie de cassation. (Sirey, t. 12, part. 2, pag. 455).

La valeur d'après laquelle se détermine le premier ou dernier ressort, n'est pas précisément la valeur du ligite tel qu'il est constitué par l'exploit de demande, mais bien du litige tel qu'il est à juger après la discussion des parties.

(2) Il n'est pas plus loisible aux juges de restreindre leur compétence que de l'étendre, attendu qu'elle est de droit public, d'où il suit qu'une fausse énonciation de premier ou du dernier ressort dans un jugement; lorsqu'il s'agira d'incompé-

soit sur des matières dont le juge de paix ne pouvait connaître qu'en premier ressort *.

Néanmoins, si le juge de paix s'est déclaré compétent, l'appel ne pourra être interjeté qu'après le jugement définitif **.

* CODE DE PROCÉDURE CIVILE.

« Seront sujets à l'appel les jugements qualifiés en dernier ressort, lorsqu'ils auront été rendus par des juges qui ne pouvaient prononcer qu'en première instance. — Ne seront recevables les appels des jugements rendus sur des matières dont la connaissance en dernier ressort, appartient aux premiers juges, mais qu'ils auraient omis de qualifier, ou qu'ils auraient qualifiés en premier ressort. (Art. 453).

** **MOTIFS.**

(M. Amilhau, rapporteur de la commission).

« Tout juge devant lequel une demande est formée *est le premier juge de sa compétence*, c'est-à-dire, de la question de savoir si la demande doit être portée devant lui. Eh bien! dans le cas où un juge de paix aura décidé qu'une demande qui n'est pas de sa compétence, devra cependant lui être soumise, nous

---

tence, quelque qualification qui ait été donnée à ce jugement, l'appel n'en sera pas moins recevable; tel doit être le sens de la loi et le vœu du législateur.

ART. 13.

Les jugements rendus par les juges de paix ne pourront être attaqués par la voie du recours en cassation (1) que pour excès de pouvoir *.

Suite des motifs.

avons admis le recours de l'appel ; et dans le cas où la demande sort de sa compétence, il a mal jugé ; c'est pour *éviter* d'aller devant le tribunal de première instance, pour faire d'abord juger la compétence, et ensuite, si la compétence du juge de paix est reconnue, revenir devant ce magistrat pour faire juger le fond.

* **MOTIFS.**

(M. le garde des sceaux).

« En distinguant les *excès de pouvoir* des cas d'incompétence, ils consistent, non dans les actes par lesquels le juge de paix aurait empiété sur les

(1) C'est-à-dire, que les jugements en dernier ressort ne pouvant être attaqués par appel, la voie de la *cassation* leur est interdite ; mais il sera facile d'éluder cette disposition de la loi, car on peut se pourvoir par appel contre les jugements mal à propos qualifiés en dernier ressort : dès lors on prétendra dans l'acte d'appel que le jugement attaqué est mal qualifié ; et si le jugement qui se rendra sur l'appel ne convient pas aux parties, elles pourront se pourvoir en *cassation* contre celui-ci.

ART. 16.

Tous les huissiers d'un même canton auront le droit de donner toutes les citations, et de faire tous les actes devant la justice de paix *.

Suite des motifs.

attributions d'une autre *juridiction*, mais dans ceux par lesquels il aurait fait ce qui ne serait permis à aucune juridiction établie, comme, par exemple, s'il avait disposé par voie de disposition réglementaire, fait un statut de police, taxé des denrées, défendu l'exécution d'une loi, d'un jugement, contrarié des mesures prises par l'administration, dans ces circonstances, toujours rares, mais importantes, l'ordre général est troublé; l'annullation de l'acte illégal ne peut être demandée à une autorité trop élevée. Le pourvoi doit d'autant mieux rester ouvert, que l'appel ne serait pas permis à la partie publique, qui n'est pas représentée auprès du tribunal de paix jugeant civilement, et que c'est dans un intérêt public que sont demandées ordinairement les cassations pour excès de pouvoirs, en vertu d'un droit constitutionnel, dont le principe est écrit dans l'art. 80 de la loi du 27 Ventôse an. 8 ».

*** MOTIFS.**

(M. Tesnière orateur).

Il est bien entendu que lorsqu'un huissier n'ap-

Dans les villes où il y a plusieurs justices de paix, les huissiers exploitent concurremment dans le ressort de la juridiction assignée à leur résidence *.

Tous les huissiers du même canton seront

Suite des motifs.

partenant pas au canton aura donné une assignation, cette assignation sera *valable*; mais le juge de paix aura toujours le droit de condamner l'huissier à l'amende (1).

* **MOTIFS.**

(M. Drault, membre de la commission).

« L'intérêt des justiciables et celui de la justice que l'on doit consulter avant tout, exigent que les plaideurs puissent placer librement leur confiance : sans doute ce cercle doit être restreint dans l'intérêt public, mais non pas au point que l'on soit forcé de se servir de l'huissier dont on suspecte l'intelligence ou la loyauté. (2).

---

(1) Voyez les dispositions de l'art. 19 de la présente loi.

Les huissiers sont passibles des dommages-intérêts de la partie, suivant l'exigence des cas; argument de l'art. 71 et 132 du code de procédure civile.

(2) Les huissiers sont tenus d'exercer leur ministère toutes les fois qu'ils en sont requis, (décret du 14 Juin 1813, art 42). Voyez cependant l'exception portée par l'art. 66 du code de procédure civile.

tenus de faire le service des audiences et d'assister le juge de paix, toutes les fois qu'ils en seront requis.

Les juges de paix choisiront leurs huissiers audienciers (1).

ART. 17.

Dans toutes les causes, excepté celles où il y aurait péril en la demeure (2), et à celles dans lesquelles le défendeur serait domicilié hors du canton ou des cantons de la même ville; le juge de paix pourra interdire aux huissiers de sa résidence de donner aucune

(1) Voyez les dispositions de l'art. 65 et suivants du décret du 18 Juin 1811, contenant réglement pour l'administration de la justice.

Les huissiers *audienciers* sont ceux qui sont jugés les plus dignes de la confience du juge, pour faire le service des audiences; mais ils n'ont aucun traitement fixe; il leur est seulement accordé un salaire, à raison des actes confiés à leur ministère: ils doivent résider, sous peine d'être remplacés, dans le canton de la juridiction.

(2) C'est donc à l'huissier à juger de cette exception, et s'il donne une citation, il doit déclarer qu'il y a *péril en la demeure;* autrement comment veut-on qu'il puisse se mettre à l'abri des peines portées par l'art 19 de la présente loi: c'est là le seul moyen d'éviter la *censure* du juge de paix.

Voyez les dispositions de l'art. 12 qui précède, avec les notes.

citation en justice, sans qu'au préalable il n'ait appelé, *sans frais*, les parties devant lui (1).

ART. 18.

Dans les causes portées devant la justice de paix, aucun huissier ne pourra ni assister comme conseil, ni représenter les parties en qualité de procureur fondé (2), à

---

(1) On avait proposé de rendre obligatoire l'usage des appels officieux (ou par lettres), introduit dans un grand nombre de justices de paix, comme préalable à toute citation devant cette juridiction. Mais la proposition a été écartée: on a préféré laisser subsister cet usage comme facultatif de la part du juge de paix.

Il peut donc, s'il le juge convenable, enjoindre aux huissiers de son ressort de ne donner aucune citation devant lui, sans qu'au préalable il ait appelé les parties par une simple lettre ou autrement; et lorsque cette mesure a été prise, les huissiers sont tenus de s'y conformer, sous les peines portées par l'art. 19.

Quant aux frais que pourraient entraîner cet avertissement, la commission de la chambre des députés, chargée de l'examen du projet primitif de la loi, avait proposé de les fixer à 25 c., en décidant d'ailleurs que les lettres seraient sur papier non timbré.

Cette disposition fut reproduite dans le projet présenté plus tard par le gouvernement à la chambre des pairs. Mais la commission de cette chambre en proposa la suppression, tout en demandant que l'on conservât, comme facultatif, l'usage de ces avertissements. (Sirey, t. 38, part. 2, p. 286).

(2) Voyez un arrêté du 18 Thermidor an 11, ou 6 Août

peine d'une amende de vingt-cinq à 50 fr. qui sera prononcée sans appel par le juge de paix *.

Ces dispositions ne seront pas applicables aux huissiers qui se trouveront dans l'un

* MOTIFS.

(M. Stourm, orateur).

« Si l'on interdit aux huissiers la faculté d'assister les parties, celles-ci auront recours à ces praticiens de campagne, que l'on regarde avec raison si dangereux ».

M. le garde des sceaux répond que cette supposition aurait pour conséquence d'apporter le désordre dans l'administration de la justice de paix : on craint qu'il n'y ait des hommes qui fassent un mauvais métier, qui s'établissent mauvais avocats de village ; cet inconvénient, vous ne l'éviterez pas toujours ; mais, dans tous les cas, le plus grand inconvénient, c'est de corrompre les fonctions d'huissier ; il peut y avoir autour des justices de paix de mauvaises passions, de mauvaises existences qui se constitueront aux dépens des populations ; mais au moins conservez intact l'officier public, ne corrompez pas par la loi sa situation.

1803, qui déclare qu'il y a incompatibilité absolue entre les fonctions d'huissier et celle de défenseur officieux.

des cas prévus par l'art. 86 du code de procédure civile *.

ART. 19.

En cas d'infraction aux dispositions des art. 16, 17 et 18, le juge de paix pourra défendre aux huissiers du canton, de citer devant lui, pendant un délai de quinze jours à trois mois **, sans préjudice de l'action dis-

* CODE DE PROCÉDURE CIVILE.

« Les parties ne pourront charger de leur défense, soit verbale, soit par écrit, même à titre de consultation, les juges en activité de service, procureurs généraux, avocats généraux, procureurs du Roi, substituts des procureurs généraux et du Roi, même dans les tribunaux autres que ceux près desquels ils exercent leurs fonctions : pourront néanmoins les juges, procureurs généraux, avocats généraux, procureur du Roi et substituts des procureurs généraux et du Roi, plaider dans tous les tribunaux, leurs causes personnelles et celles de leurs femmes, parents ou aliés en ligne directe et de leurs pupilles. (Art. 86).

** **MOTIFS.**

On disait que cet article donnait aux juges de paix un pouvoir exorbitant.

ciplinaire des tribunaux et des dommages-intérêts des parties, s'il y a lieu (1).

ART. 20.

Les actions concernant les brevets d'invention (2) seront portées, s'il s'agit de nullités

Suite des motifs.

(M. Amilhau, rapporteur de la commission, a répondu).

« Il serait indigne de la magistrature du juge de paix, d'être obligé de supporter les caprices et la mauvaise volonté des huissiers; la dignité du juge ne permet pas non plus que sa décision soit soumise à l'appel, d'ailleurs le juge de paix ne peut pas interdire à l'huissier l'exercice de ses fonctions dans tout l'arrondissement; il ne peut que l'empêcher de donner des citations devant lui.

---

(1) Voyez, pour l'action disciplinaire, les art. 94 et 102 du décret du 30 Mars 1808, et les chapitres 2, 3 et 4 du décret du 14 Juin 1813, qui règlent tout ce qui est relatif à la conduite des huissiers.

(2) Voyez le § 1.er de l'art. 537 du code civil.

L'exploitation des brevets d'invention commence à dater du jour du certificat de la demande, donné par le ministre de l'intérieur, pour le temps que la loi détermine ou qui est fixé dans le brevet: la priorité entre deux brevets se règle par la date du dépôt au secrétariat de la préfecture, des pièces exigées par la loi.

ou de décheance des brevets, devant les tribunaux civils de première instance; s'il s'agit de contrefaçon, devant les tribunaux correctionnels (1).

ART. 21.

Toutes les dispositions des lois antérieures, *contraires à la présente loi* (2), sont abrogées.

---

(1) Avant la loi une grande divergence d'opinions existait entre les auteurs, sur le point de savoir par quel juge devait être appréciée l'exception de déchéance de brevet opposée à une poursuite en contrefaçon : les uns pensaient que la connaissance en appartenait au juge de paix, juge de l'action en contrefaçon à laquelle l'exception de déchéance servait de défense. D'autres pensaient au contraire que l'exception de déchéance devait être portée devant le tribunal civil de 1.re instance.

Mais, dans le système de la loi nouvelle, les tribunaux correctionels qui se trouvent investis, au lieu et place du juge de paix de la connaissance des actions en contrefaçon, ne pouvant connaître des exceptions préjudicielles de propriété qui sont élevées devant eux, il y a nécessité pour ces tribunaux de surseoir et de renvoyer ces questions devant le juge civil. (Sirey, t. 38, part. 2, p. 288).

(2). Il faut bien entendre ces mots ; *contraires à la présente loi* ; ce sont les matières réglées par un système complet des lois existantes que l'on doit examiner avec *attention* ; et tout ce qui n'est pas *contraire* à la loi nouvelle *peut* et *doit* être exécuté ; c'est une règle que les juges doivent prendre pour guide.

ART. 22.

Les dispositions de la présente loi ne s'appliqueront pas aux demandes introduites avant sa promulgation.

La présente loi, discutée, délibérée et adoptée par la chambre des pairs et par celle des députés, et sanctionnée par nous cejourd'hui, sera exécutée comme loi de l'état (1).

Donnons en mandement, etc........... et afin que ce soit chose ferme et stable à toujours, nous y avons fait mettre notre sceau.

Au Palais des Tuileries, le 25.me jour du mois de Mai 1838.

LOUIS-PHILIPPE.

Par le Roi,

Le Garde des Sceaux de France, Ministre Secrétaire d'Etat au département de la justice et des cultes.

BARTHE.

---

(1) Insérée au Bulletin des lois, série 574, n.o 7413.

Nous avons pensé de rapporter ici le discours prononcé par M. le garde des sceaux, à la chambre des pairs, lors de la présentation de cette loi; il retrace les principes que le législateur n'a pu développer, ce qui est d'un grand intérêt.

DISCOURS

DE

M. LE GARDE DES SCEAUX

Lors de la présentation de la Loi à la Chambre des Pairs.

(Séance du 28 Avril 1838.)

Messieurs,

Le projet de loi sur les justices de paix, deux fois voté par la chambre des pairs, a été soumis à la chambre des députés, qui l'a adopté une seconde fois aussi dans ses dispositions principales; seulement, cette chambre a introduit dans ce projet quelques changements qui obligent à le présenter de nouveau à vos délibérations.

Dans une matière aussi parfaitement connue de la chambre, il est inutile, soit d'exposer encore le système d'ensemble de la loi, soit d'en motiver les diverses dispositions;

il suffira d'indiquer les points sur lesquels portent les nouveaux amendements.

L'art. 2 du projet confère aux juges de paix une attribution nécessaire, en les chargeant de prononcer sans appel jusqu'à 100 francs, et à charge d'appel jusqu'au taux de la compétence des tribunaux de 1.re instance en dernier ressort, sur les contestations entre les hôteliers, aubergistes, teneurs d'hôtels garnis et les voyageurs pour dépenses d'hôtellerie et pertes d'effets. La chambre des députés déclare que les dégradations ou avaries d'effets appartenant aux voyageurs, donneront lieu à la même compétence. Cette explication résout un doute que l'esprit de la loi aurait probablement suffi pour faire disparaître; cependant il ne peut qu'être utile d'y trouver une expression qui en complète le sens littéral.

Le cinquième paragraphe de l'art. 5 a donné lieu à deux autres modifications. Déjà la loi du 24 Août 1790 attribue aux juges de paix la connaissance des actions civiles pour injures, rixes et voies de fait; le projet faisant suivre le mot *injures* de ceux *d'ex-*

pressions outrageantes, la chambre des députés les a retranchés comme inutiles, parce que la loi du 25 Mai 1819 comprend les expressions outrageantes dans la définition de l'injure; elle a expliqué en même temps que si les injures ont été commises par la voie de la presse, la personne qui se prétendrait outragée ne pourrait, même en civilisant son action, en rendre juge le tribunal de paix. Cette restriction est justifiée par la publicité étendue que reçoit alors l'injure; l'honneur s'en trouve plus gravement atteint que si l'imputation dont il est l'objet était demeurée verbale ou manuscrite; il pourrait n'être pas sans inconvénient de déférer à un seul magistrat, la connaissance de contestations susceptibles d'entraîner des adjudications de dommages-intérêts considérables, et qui l'obligeraient d'apprécier le caractère des publications qui se font par la voie de la presse.

Lorsque le défendeur oppose à la demande une réclamation par voie reconventionnelle ou de compensation, si cette réclamation dépasse les limites de la compétence du juge de paix, le projet dispose que le magistrat pourra, soit retenir le jugement de la demande principale seule, soit renvoyer sur le tout les parties à se pourvoir devant le tribunal de première instance; dans ce dernier cas, déjà le juge de paix a vu les plaideurs comparaître devant lui; s'il leur indique d'autres juges, c'est qu'il ne lui a pas été possible de les concilier. Une conséquence naturelle de cette partie de la loi était donc qu'il n'y aurait plus lieu alors à un nouveau préliminaire de conciliation, et c'est ce qu'explique désormais l'art. 8 du projet.

Un changement plus essentiel résulte des articles 16 et 17 tels que la chambre des députés les a adoptés.

En ce moment les huissiers audienciers des juges de paix ont seuls le droit de faire auprès de cette Juridiction les actes du ministère d'huissier; si de nombreuses réclamations se sont élevées contre cet état de choses de la part des huissiers résidant dans les cantons, et qui ne sont pas audienciers, les juges de paix en désirent en général le maintien; les raisons qui appuient les deux opinions ont été développées dans les précédents exposés de motifs, et dans les divers rapports des commissions, ce qui dispense de les rappeler. La chambre des pairs avait cru tout concilier en décidant que le nombre des audienciers auprès des divers tribunaux de paix, qui n'est actuellement que de deux au plus, pourrait être porté à trois, hors Paris, et à quatre auprès de chaque juge de paix de la capitale; ainsi les principaux inconvénients de chacun des deux systèmes opposés, semblaient être évités; d'un côté la surveillance du magistrat continuant à ne s'exercer que sur quelques officiers ministériels de ce genre, aurait toujours été facile, et l'intérêt de profession qui porte à multiplier les actes de procédure aurait été combattu par la crainte de mécontenter le juge qui pouvait choisir d'autres audienciers; d'un autre côté, la concurrence se serait établie dans des limites convenables, parce que là où il n'y aurait qu'un seul audiencier, ou cependant deux et même trois, auraient trouvé une existence suffisante; le juge de paix aurait usé de la faculté que la loi nouvelle lui aurait laissé. Si par condescendance pour les habitudes contractées, il n'avait pas augmenté le nombre de ses huissiers, les magistrats supérieurs l'auraient rappelé à plus de fermeté ou à plus de justice, en considération surtout de ses nouvelles attributions, d'où il doit résulter que plus d'actes seront signifiés devant lui; il n'aurait donc pas été équitable de conserver à un seul le privilége de ces significations.

La chambre des députés, qui s'était auparavant prononcée pour la libre concurrence, a persisté dans sa première opinion; elle a toutefois pris plusieurs précautions contre l'abus possible de l'innovation qui sera introduite dans cette partie de la législation; bien que le décret général sur la profession d'huissier, du 14 Juin 1813, ne reconnaisse que des huissiers d'arrondissement, il existerait à l'avenir des *huissiers de canton*; tous ceux qui résideraient dans le canton auraient donc le droit de faire les actes de leur ministère devant la justice de paix, si la surveillance doit se porter à l'avenir sur d'autres que sur les audienciers; il ne sera pas nécessaire du moins de l'étendre sur l'ensemble des huissiers de l'arrondissement; seulement dans les villes lorsqu'elles seront divisées en plusieurs cantons, la concurrence s'établira entre tous les huissiers des divers cantons. . . . .

Il est évident, d'ailleurs, que tous les huissiers du canton recueillant les avantages du droit d'exploiter devant le juge, ils seront tenus tous aussi de faire le service auprès de lui.

Le droit demeure au magistrat d'avoir des audienciers en titre; si ses officiers perdent leur privilége, la confiance qui leur est accordée les désignera toujours plus spécialement aux justiciables, et ils seront naturellement commis pour les significations des jugements par défaut. Ces avantages feront probablement toujours rechercher le titre d'audiencier. . . . .

Il était de plein droit que les nouvelles attributions de compétence, conférées aux justices de paix, ne s'appliqueraient pas aux demandes qui avaient été introduites avant la promulgation de la loi nouvelle; pour prévenir toute incertitude à ce sujet, la chambre des députés a exprimé cette opinion par une disposition formelle; le gouvernement ne peut qu'approuver cette prévoyance, le dernier article du projet sera dès lors en harmonie avec l'article 2 du code civil et avec l'article 1031 du code de procédure civile (1).

(1) A la séance du 14 Mai 1838, la chambre des pairs a adopté la loi, sans *discussion*.

ANALYSE

DES

ARTICLES DES DIVERS CODES

Qui attribuent JURIDICTION *aux Juges de Paix, soit comme juges civils ou comme juges de police simple.*

IL ne suffisait pas de donner la loi des juges de paix, pour embrasser l'ensemble de leur juridiction, il faut encore voir la série des articles des divers codes qui leur attribuent une compétence pour certains actes. L'analyse succincte que nous présentons nous a paru nécessaire pour la parfaite intelligence des interprètes des lois, et pour ceux qui lui doivent obéissance; mais si sa disposition se trouve quelquefois modifiée, c'est la jurisprudence qui a produit cette modification, avec le temps et l'expérience; ainsi, tout ce que nous rapportons peut être cité comme autorité, car les difficultés naissent souvent de ce qu'on ne discerne pas assez soigneusement les divers cas que la loi a voulu régler, de ceux qu'elle a laissés à la disposition des principes généraux et du droit commun.

CODE CIVIL.

I. Les juges de paix délivrent les actes de notoriété qui suppléent aux actes de naissance, art. 70 qui peut être combiné avec les art. 99 et 140 du même code; ainsi que les actes de notoriété en déclaration d'absence, suivant l'art. 155. Enfin, d'autres circonstances peuvent se présenter où ces magistrats sont chargés de délivrer des actes de notoriété.

II. L'inventaire du mobilier et des titres d'un absent se fait par le juge de paix, sur la réquisition du procureur du roi, suivant l'art. 126.

Mais les héritiers de l'absent doivent être appelés à cet inventaire, quoique la loi n'exige pas leur présence, parce qu'ils sont des contraditeurs bien plus *intéressés* que le procureur du roi; néanmoins on ne pourrait arguer l'inventaire de nullité, par cela seul que ces héritiers n'auraient pas été appelés, à moins qu'ils n'aient demandé à y intervenir, et, dans ce cas, on ne peut les exclure.

III. Les actes d'adoption doivent être

passés devant le juge de paix qui constate le consentement respectif des parties; d'après l'art. 353 ces actes donnent à l'adoptant une descendance civile et fictive qui remplace à son égard la descendance naturelle.

Car l'adoption est une institution de pur droit civil, qui ne tient en rien au droit des gens; ainsi un étranger ne peut pas adopter à moins qu'il ne jouisse des droits civils; il en est de même d'un français qui ne peut pas adopter un étranger, s'il ne jouit des mêmes droits.

C'est au moment de l'acte que doivent exister toutes les qualités qui constituent la capacité respective de l'adoptant et de l'adopté; les incapacités qui pourraient survenir depuis, soit avant l'admission de l'adoption par les tribunaux, soit avant l'inscription sur les registres de l'état civil, ne peuvent empêcher l'adoption.

IV. Le juge de paix doit dresser le procès-verbal des demandes et consentements relatifs à la tutelle officieuse; suivant l'art. 363 c'est une protection obligatoire d'une espèce particulière.

V. La déclaration pour la nomination du conseil spécial, donnée par le père à la mère survivante et tutrice, peut être reçue par le juge de paix, d'après le § 2 de l'art. 392.

VI. Il appartient aux juges de paix, de convoquer et présider des conseils de famille, pour tout ce qui concerne les mineurs et les interdits, art. 405 et suivants; un conseil de famille tenu devant un autre juge de paix que celui du domicile du mineur, est nul, et cette nullité frappe sur les délibérations qu'il a pu prendre et sur les actes qui en ont été la suite.

Les conseils de famille, quoique présidés par le juge de paix, ne sont pas considérés comme tribunaux, et leurs délibérations ne peuvent pas être attaquées par la voie de l'appel. Il convient de déférer la tutelle au plus proche parent des mineurs, quoique la loi n'en fasse pas une obligation, néanmoins leur intérêt doit toujours déterminer le choix du tuteur.

VII. Le juge de paix ne peut se dispenser de convoquer le conseil de famille lorsqu'il est requis par des parents ou aliés qui proposent la destitution d'un tuteur, art. 446, mais il doit être admis à concourir à la délibération, parce que son ministère est forcé.

VIII. Le serment de l'expert nommé par le subrogé-tuteur pour l'estimation des biens du mineur, est prêté devant le juge de paix suivant les dispositions de l'art. 453.

IX. La déclaration du père ou de la mère, pour l'émancipation d'un mineur, est reçue par le juge de paix assisté de son greffier, art. 477. Des présomptions graves, précises et concordantes, sont admissibles pour prouver le fait de l'émancipation, lorsque les registres de la justice de paix qui en contenaient l'acte, sont perdus.

X. Le scellé peut être apposé d'office par le juge de paix sur les effets d'une succession dont quelques héritiers sont absents, mineurs ou interdits, art. 819; comme l'apposition des scellés doit toujours être faite par ce magistrat, l'on peut consulter à cet égard les dispositions des art. 1031 et 1328 du même code.

XI. Il est un cas où les juges de paix peuvent, assistés de deux témoins, recevoir des testaments. C'est, suivant l'art. 985, lorsque ces actes sont faits dans un lieu avec lequel toute communication est interdite à cause de la peste ou autre maladie contagieuse.

XII. Un des originaux des testaments faits sur *mer* ou dans un port étranger, sera déposé, clos ET cacheté, entre les mains d'un consul français, qui en fera l'envoi au ministre de la marine, lequel l'adressera au juge de paix du domicile du testateur, pour en faire le dépôt au greffe de la justice de paix, art. 991; et quoique cet article porte, clos *ou* cacheté, il faut lire ET cacheté, ce qui est conforme à l'art. 992.

CODE DE PROCÉDURE CIVILE.

XIII. Il y a des lieux où l'on regarde, en quelque sorte, comme un phénomène de voir que les parties qui ont comparu devant le juge de paix, n'ont pas été conciliées; pour atteindre un but si louable, ce magistrat doit bien se pénétrer de la sainteté de son ministère; il faut qu'il entende les parties avec patience, les aider à s'expliquer, entrer pour ainsi dire dans leur pensée, les engager à faire des sacrifices mutuels, leur représenter qu'il leur séra plus avantageux de se rendre justice eux-mêmes que de la demander, à grands frais, devant les tribunaux; les juges de paix, en un mot, ne doivent pas regarder comme une vaine formalité l'aissai préliminaire et pacifique de la conciliation, qui est prescrit par les dispositions de l'art. 48 qui veut qu'aucune demande principale introductive d'instance, entre parties capables de transiger, ne sera reçue dans les tribunaux de première instance, que le défendeur n'ait été préalablement appelé en conciliation.

Une femme mariée, autorisée à ester en jugement, est par cela seul autorisée à essayer la conciliation.

XIV. Ce que doit faire le juge de paix lorsque, en matière de conciliation, l'une des parties défère le serment à l'autre, est prescrit par l'art. 55 qui peut être combiné avec les dispositions des art. 1357 à 1365 du code civil.

XV. Le tribunal civil peut ordonner que

les experts prêteront le serment devant le juge de paix du canton où ils procèdent, art. 305.

XVI. Les appels des jugements des juges de paix sont réputés matières sommaires et instruits comme tels, suivant l'art. 404, c'est-à-dire, que ces matières se jugent avec célérité, sans instruction écrite, et sur les simples plaidoiries des parties (1).

XVII. Le tribunal de commerce peut commettre un juge de paix pour entendre les parties, et celui-ci dressera procès-verbal de leur déclaration, suivant l'art. 428.

XVIII. La prise à partie contre les juges de paix est portée devant la cour d'appel du ressort, art. 509; c'est le recours personnel que la loi accorde aux parties contre leur juge pour le faire déclarer responsable du dommage souffert par elles.

XIX. En matière de saisie-arrêt, le tiers saisi peut faire sa déclaration devant le juge de paix de son domicile, d'après l'art. 571, sans qu'il soit besoin de la réitérer au greffe du tribunal.

---

(1) Voyez les art. 13 et 14 de la loi des juges de paix.

XX. Dans le cas d'une saisie exécution, si les portes sont fermées, ou si l'ouverture en est refusée, l'huissier pourra se retirer devant le juge de paix en présence duquel l'ouverture en sera faite, même celle des meubles, conformément à l'art. 587.

XXI. Lorsque le juge de paix ordonne que le débiteur sera arrêté dans son domicile, il doit se transporter dans la maison avec l'officier ministériel, art. 781. Mais l'arrestation n'est pas nulle de cela seul que le juge de paix n'a pas rendu une ordonnance spéciale; il suffit que dans le fait il en ait donné l'ordre.

XXII. Le juge de paix appose les scellés après décès, suivant l'art. 907. Nul que lui ou ses suppléants ne peut les apposer, art. 912; il peut les apposer d'office. Voyez à cet égard tout le titre 1.er du livre deux, et pour la levée des scellés l'art. 928. et suivants.

CODE DE COMMERCE.

XXIII. Dans quelles circonstances le rapport d'un capitaine de navire se fait devant le juge de paix de l'arrondissement, lequel est tenu de l'envoyer sans délai au président du tribunal de commerce le plus voisin; les dispositions des art. 243 et 245 peuvent être consultées à cet égard; car ce rapport a principalement pour objet l'intérêt public.

XXIV. En cas de faillite, le juge de paix peut, sur la notoriété publique, apposer les scellés, art. 450; dans tous les cas, le juge de paix adressera sans délai, au tribunal de commerce, le procès-verbal.

XXV. Les livres du failli seront extraits des scellés, et remis par le juge de paix aux agens, après avoir été arrêtés par lui; il constatera sommairement par son procès-verbal, l'état dans lequel ils se trouveront, art. 463.

XXVI. Le juge de paix doit assister à l'inventaire des biens du failli, et signer le procès-verbal à chaque vacation, suivant l'art. 486.

CODE D'INSTRUCTION CRIMINELLE.

XXVII. La présence du juge de paix ou de son suppléant est nécessaire aux gardes champêtres ou forestiers, pour s'introduire dans les maisons, ateliers, bâtiments, cours adjacentes et enclos, pour la recherche des délits et contraventions de police, d'après l'art. 16, et ces gardes conduiront devant le juge de paix, tout individu qu'ils auront surpris en flagrant délit.

XXVIII. Les juges de paix recevront les dénonciations de crimes ou délits commis dans les lieux où ils exercent leurs fonctions habituelles, art. 48, auquel on peut joindre les dispositions de l'art. 132 de la loi du 28 Germinal an 6, qui veut que tous procès-verbaux de corps de délit, de capture et arrestation, soient envoyés dans les vingt-quatre heures aux juges de paix, ou à tout autre officier de police judiciaire, dans l'arrondissement duquel les crimes ou délits auront été commis, ou les prévenus arrêtés.

XXIX. Dans les cas de flagrant délit, ou dans les cas de réquisition de la part d'un chef de maison, les juges de paix dresseront les procès-verbaux, recevront les déclarations des témoins, feront les visites et les autres actes qui sont, auxdits cas, de la compétence des procureurs du roi, art. 49.

XXX. Le juge d'instruction peut commettre le juge de paix à l'effet de recevoir les dépositions des témoins qui se trouveront dans l'impossibilité de comparaître, même pour ceux qui n'habiteraient pas dans le canton où se trouve le juge d'instruction, art. 83 et 84; ces dépositions seront envoyées closes et cachetées à ce dernier magistrat, par le juge de paix.

De la connaissance des CONTRAVENTIONS, *attribuées au juge de paix statuant comme tribunal de police* (1).

XXXI. Les juges de paix sont obligés de punir les contraventions aux réglements de simple police, toutes les fois qu'ils peuvent le faire, sans sortir du cercle de leurs attributions. En effet, le juge de paix qui se permettrait de les modifier ou de les annuller, violerait la défense qui lui est faite de s'immiscer dans les fonctions administratives; mais il n'en est pas de même des *con-*

(1) Les tribunaux de police ne peuvent connaître de l'exécution de leurs jugements; ils sont incompétents pour réprimer les fautes et les délits que les garde-champêtres et forestiers peuvent commettre dans l'exercice de leurs fonctions.

traventions à ces réglements, la loi leur en confie exclusivement la répression; et, d'après l'art. 137 du code d'instruction criminelle, les juges de paix doivent considérer comme contraventions de police simple, les faits qui, d'après les dispositions du quatrième livre du code pénal, peuvent donner lieu, soit à quinze francs d'amende ou au-dessous, soit à cinq jours d'emprisonnement ou au-dessous, qu'il y ait ou non confiscation des choses saisies, et quelle qu'en soit la valeur.

Il est reconnu aujourd'hui que les tribunaux de police ne peuvent se dispenser de prononcer des peines de simple police contre les contrevenants à des arrêtés d'un maire, quand bien même ces arrêtés ne détermineraient aucune peine, parce qu'ils sont seuls compétents pour statuer sur les contraventions à des réglements municipaux.

XXXII. De toutes les contraventions comme de tous les délits résultent deux actions, l'une publique, l'autre privée; l'objet de la première est de punir l'atteinte portée à l'ordre social; la seconde ne tend qu'à la réparation du dommage que le délit peut avoir causé, et pour faire dire droit à cette dernière, l'on peut se pourvoir devant le juge de paix, soit par action civile, soit par la voie criminelle (1) ou de simple police.

XXXIII. Ainsi pour bien se fixer sur les règles et les distinctions à suivre, il faut voir les principes ci-après établis.

Les juges de paix comme juges de police connaissent exclusivement, 1.º Des contraventions commises dans l'étendue de la commune chef-lieu du canton; — 2.º Des contraventions dans les autres communes de leur arrondissement, lorsque, hors le cas où les coupables auront été pris en flagrant délit, les contraventions auront été commises par des personnes non domiciliées ou non présentes dans la commune, ou lorsque les témoins qui doivent déposer n'y sont pas résidants ou présents; — 3.º Des contraventions à raison desquelles la partie qui réclame conclut, pour ses dommages-intérêts, à une somme indéterminée ou à une somme excédant quinze francs; — 4.º Des contra-

(1) Voyez les dispositions de l'art. 5, § 5 de la loi du 25 Mai qui précède.

ventions forestières poursuivies à la requête des particuliers; — 5.° Des injures verbales; — 6.° Des affiches, annonces, ventes, distributions ou débits d'ouvrages, écrits ou gravures contraires aux mœurs; — 7.° De l'action contre les gens qui font le métier de deviner et pronostiquer, ou d'expliquer les songes.

Les juges de paix connaîtront aussi, mais concurremment avec les maires, de toutes autres contraventions commises dans leur arrondissement.

Dans les communes dans lesquelles il n'y a qu'un juge de paix, il connaîtra seul des affaires attribuées à son tribunal: les greffiers et les huissiers de la justice de paix feront le service pour les affaires de police.

Dans les communes divisées en deux justices de paix ou plus, le service au tribunal de police sera fait successivement par chaque juge de paix, en commençant par le plus ancien; il y aura, dans ce cas, un greffier particulier pour le tribunal de police.

Il pourra aussi, dans le cas de l'art. précédent, y avoir deux sections pour la police;

chaque section sera tenue par un juge de paix ; et le greffier aura un commis assermenté pour le suppléer.

Les fonctions du ministère public, pour les faits de police, seront remplies par le commissaire du lieu où siégera le tribunal : en cas d'empêchement du commissaire de police, ou s'il n'y en a point, elles seront remplies par le maire, qui pourra se faire remplacer par son adjoint. — S'il y a plusieurs commissaires de police, le procureur général près la cour royale nommera celui ou ceux d'entr'eux qui feront le service.

XXXIV. Les citations pour contravention de police seront faites à la requête du ministère public, ou de la partie qui réclame. — Elles seront notifiées par un huissier; il en sera laissé copie au prévenu, ou à la personne civilement responsable.

La citation ne pourra être donnée à un délai, moindre que vingt-quatre heures, outre un jour par trois myriamètres à peine de nullité, tant de la citation que du jugement qui sera rendu par défaut. Néanmoins cette nullité ne pourra être proposée qu'à la première audience, avant toute exception et défense. — Dans les cas urgents, les délais pourront être abrégés et les parties citées à comparaître même dans le jour et à heure indiqués, en vertu d'une cédule délivrée par le juge de paix.

Mais si le juge s'aperçoit que la citation donnée devant son tribunal au prévenu, le délai prescrit par la loi n'a pas été observé, il peut d'office, même dans le cas d'un défaut de la partie citée, prononcer la nullité de la citation.

XXXV. Les parties pourront comparaître volontairement et sur un simple avertissement, sans qu'il soit besoin de citation.

Avant le jour de l'audience, le juge de paix pourra, sur la réquisition du ministère public ou de la partie civile, estimer ou faire estimer les dommages, dresser ou faire dresser des procès-verbaux, faire ou ordonner tous actes requérant célérité.

Si la personne citée ne comparaît pas au jour et à l'heure fixés par la citation, elle sera jugée par défaut.

XXXVI. La personne condamnée par

défaut ne sera plus recevable à s'opposer à l'exécution du jugement si elle ne se présente à l'audience indiquée par l'article suivant, sauf ce qui sera ci-après réglé sur l'appel et le recours en cassation.

XXXVII. L'opposition au jugement par défaut pourra être faite par déclaration en réponse au bas de l'acte de signification, ou par acte notifié dans les trois jours de la signification, outre un jour par trois myriamètres. — L'opposition emportera de droit citation à la première audience après l'expiration des délais, et sera réputée non avenue, si l'opposant ne comparaît pas.

La personne citée comparaîtra par elle-même, ou par un fondé de procuration spéciale.

XXXVIII. Un tribunal de police ne doit pas se déclarer incompétent sous prétexte que le fait qui donne lieu à la poursuite était déclaré délit par la loi en vigueur au moment qu'il a été commis, et n'a été qualifié simple contravention que par l'effet d'une loi postérieure; en un tel cas, il doit se déclarer *compétent* et appliquer la peine la plus légère.

XXXIX. Le code retrace les moyens à

suivre pour l'instruction des affaires qui sont portées devant ce tribunal, et si le fait ne présente ni délit ni contravention de police, le tribunal annullera la citation et tout ce qui aura suivi, et statuera par le même jugement sur les demandes en dommages-intérêts.

Si le fait est un délit qui emporte une peine correctionnelle ou plus grave, le tribunal renverra les parties devant le procureur du Roi.

Si le prévenu est convaincu de contravention de police, le tribunal prononcera la peine et statuera par le même jugement sur les demandes en restitution et en dommages-intérêts.

XL. La partie qui succombera sera condamnée aux frais, même envers la partie publique. — Les dépens seront liquidés par le jugement.

Mais le ministère public ne peut jamais être condamné aux frais de la partie acquittée, tout comme la partie qui succombe doit être condamnée à l'amende et aux frais; le juge tenant le tribunal de police, ne peut pas la condamner aux dépens pour tenir lieu d'amende : telle est la jurisprudence de la cour de cassation.

XLI. Le ministère public et la partie civile poursuivront l'exécution du jugement, chacun en ce qui le concerne (1).

En effet, l'intérêt de chacun est distinct et séparé, aussi le jugement qui est rendu n'a pas besoin de contenir le texte de la loi en vertu duquel il prononce des dommages-intérêts au profit de la partie civile, et celui d'après lequel il soumet, pour ces dommages-intérêts, la partie condamnée à la contrainte par corps; les condamnations civiles n'étant point une peine, mais bien une réparation du préjudice qu'on a porté, et la contrainte par corps n'étant elle-même qu'un moyen civil de faire exécuter le jugement pour obtenir le paiement des dommages-intérêts qui ont été adjugés.

XLII. Les jugements rendus en matière de police pourront être attaqués par la voie de l'appel, lorsqu'ils prononceront un empri-

(1) Voyez les art. 139 à 165 du code d'instruction criminelle.

sonnement, ou lorsque les amendes, restitutions et autres réparations civiles excéderont la somme de cinq francs, outre les dépens.

L'appel des jugements rendus par le tribunal de police, sera porté au tribunal correctionnel : cet appel sera interjeté dans les dix jours de la signification du jugement à personne ou domicile; il sera suivi et jugé dans la même forme que les appels des sentences des justices de paix.

XLIII. C'est par la condamnation, et non par l'objet de la demande, que se détermine le caractère en dernier ressort, et la tierce opposition n'est point recevable contre les jugements en matière de police simple, attendu que les délits sont personnels.

XLIV. Néanmoins les actions peuvent se prescrire comme en toute autre circonstance, car la prescription est l'une des parties de la jurisprudence qui embrasse le plus de choses et qui est la plus fréquemment appliquée ou invoquée.

Ainsi l'action publique et l'action civile pour une contravention de police (porte l'art. 640), seront prescrites après une année révolue, à compter du jour où elle aura été commise, même lorsqu'il y aura eu procès-verbal, saisie, instruction ou poursuite; si dans cet intervale il n'est point intervenu de condamnation, s'il y a eu un jugement définitif de première instance, de nature à être attaqué par la voie de l'appel, l'action publique et l'action civile se prescriront après une année révolue, à compter de la notification de l'appel qui aura été interjeté.

XLV. Comme la sûreté individuelle est dans l'intérêt général, la loi (1) veut que, quiconque aura connaissance qu'un individu se trouve détenu dans un lieu qui n'a pas été destiné à servir de prison, est tenu d'en donner avis au juge de paix, qui doit se transporter d'office, ou sur l'avis qu'il en aura reçu, dans le lieu de la détention, pour faire mettre en liberté la personne détenue, à peine d'être poursuivi comme complice de détention arbitraire.

---

(1) Voyez les art. 615 et 616 du code d'instruction criminelle.

CODE PÉNAL.

XLVI. L'infraction que les lois punissent des peines de simple police sont des *contraventions ;* le degré de ces peines est déterminé par les dispositions du livre 4 qui spécifie l'emprisonnement, l'amende et la confiscation ; pour les contraventions et délits de simple police, il est de principe que les tribunaux ne peuvent infliger des peines qu'à des faits reconnus constants par les juges mêmes, dans les cas où la loi leur confère l'appréciation de ces faits, et ils ne peuvent appliquer une disposition de la loi pénale à des actes dont l'existence ne leur serait pas complétement démontrée ; en conséquence ils doivent distinguer entre les cas où la loi nouvelle est plus rigoureuse, et celui où elle est plus douce. Si le législateur croit devoir infliger à l'avenir une peine plus sévère à une espèce de contravention ou de délit, la justice ne permet pas que celui qui a commis ce délit ou cette contravention, sous l'empire de la loi ancienne, devienne passible de cette rigueur nouvelle qu'il ne prévoyait pas, et dont la crainte l'eût peut-être retenu.

Si, au contraire, le législateur regardant les peines des anciennes lois comme trop sévères, l'humanité demande que le bienfait de la loi nouvelle, qui n'est d'ailleurs qu'un retour à la justice, s'étende indistinctement à tous ceux qui sont jugés depuis sa promulgation.

XLVII. On sait que l'emprisonnement est l'action de mettre quelqu'un en prison; mais nul ne peut être privé de sa liberté que dans les cas prévus par la loi. En fait de délit ou de contravention, l'emprisonnement ne peut avoir lieu qu'en vertu d'un jugement qui doit énoncer le fait imputé au prévenu, à peine de nullité.

XLVIII. L'amende est une peine pécuniaire que la loi inflige à un certain nombre de contraventions et de délits; le paiement ne peut en être poursuivi que par le ministère public.

XLIX. La peine de confiscation ne se prononce plus d'après l'art. 57 de la charte, mais il y a certains cas, en police judiciaire, que cette peine est conservée pour des contraventions prévues par les dispositions des art. 464, 470, 472 et 477. C'est sous la dénomination de *saisie* des objets qui devaient être confisqués, que l'on s'en empare; cette saisie est déclarée bonne et valable, et la vente de ces objets est ordonnée au profit du trésor public.

L. Le code pénal gradue les peines suivant les faits et les circonstances, même dans les cas de la récidive (1); cette peine ne résulte pas de ce qu'il y a eu délit commis plusieurs fois, mais bien de ce qu'il y a eu condamnation avant le délit actuellement dénoncé, c'est-à-dire, qu'en fait de contravention de police, tout comme pour un délit, pour que la peine de la récidive soit applicable, il faut que le coupable ait été précédemment condamné.

LI. Les tribunaux de simple police doivent, *à peine de nullité*, lorsqu'ils reconnaissent comme constante une contravention aux réglements de la voirie, en

(1) Voyez les art. 474, 478, 482 et 483 du code pénal.

ce qu'on aurait exécuté des travaux sans autorisation, ordonner la démolition, des ouvrages faits; en conséquence est *nul* le jugement qui statue sur cette contravention, qui se borne à punir de l'amende le contrevenant, sans ordonner la démolition des constructions qui ont été faites sans avoir demandé et obtenu cette autorisation; quoiqu'il n'existe pas un arrêté de l'autorité municipale prescrivant spécialement cette demande, ce principe est fondé sur les dispositions des art. 161 du code d'instruction criminelle, et 471, § 5 du code pénal.

LII. Le juge de paix, chargé d'appliquer les peines comme tribunal de police, ne doit pas confondre ses fonctions avec celles de juge civil, ou cumuler ses pouvoirs; ils doivent être essentiellement distincts; ainsi, par exemple, lorsqu'une question préjudicielle, élevée devant un tribunal de police, est de la compétence du juge de paix, le juge qui forme l'un et l'autre tribunal ne peut statuer par un seul et même jugement sur cette question, et sur le délit qu'elle tend à détruire, parce qu'il ne doit agir dans un cas, que comme justice *civile*, et dans l'autre que comme justice de *police*; voilà les vrais principes de la juridiction dans laquelle le juge doit se renfermer.

CODE FORESTIER.

LIII. Lorsqu'on voudra s'assurer des diverses formalités attribuées aux juges de paix pour constater les délits et les contraventions forestières, on pourra consulter les dispositions des art. 161 à 173, mais chose essentielle à observer, que les gardes forestiers doivent *écrire eux-mêmes* leurs procès-verbaux, et que celui qui est écrit par une autre personne que le garde est *nul*, même lorsque ce procès-verbal ne constate pas que le juge de paix qui en a reçu l'affirmation, en a lui-même donné lecture au garde, l'art. 165 prescrivant cette formalité, à peine de nullité, ce qui a été confirmé le 17 Juin 1830 par la cour de cassation.

LIV. Il est à remarquer que l'art. 189 attribue l'application de plusieurs articles aux poursuites à exercer au nom et dans l'intérêt des *particuliers*, pour délits et contraventions commis dans les bois et forêts qui leur appartiennent; mais, quoique l'administration forestière puisse agir indistinctement devant les tribunaux correctionnels, l'art. 190 modifie cette règle de compétence à l'égard des poursuites qui intéressent les particuliers; il se réfère au code d'instruction criminelle qui, par son art. 139, § 4, investit les juges de paix du droit exclusif de prononcer sur les contraventions forestières poursuivies à leur requête; à l'égard de cette distinction il faut voir les dispositions de l'art. 191 du code forestier.

LV. Lorsque les procès-verbaux porteront saisie, l'expédition qui, aux termes de l'art. 167, doit être déposée au greffe de la justice de paix dans les vingt-quatre heures après l'affirmation, sera signée et remise par l'agent forestier ou le garde qui aura dressé le procès-verbal; si le juge de paix a accordé la main levée provisoire des objets saisis, il en donnera avis à l'agent forestier local.

LVI. La cour de cassation a décidé le 4 Décembre 1828, que le ministère public ou la partie civile qui poursuit une contravention ou un délit forestier commis dans les bois d'un particulier, doit, *à peine de nullité*, donner en tête de la citation signifiée au prévenu, copie du procès-verbal et de l'affirmation, quoique l'art. 182 du code d'instruction criminelle ne prononce pas cette nullité : il en est de même en matière ordinaire, c'est-à-dire, de simple police.

LVII. Si la partie citée veut s'inscrire en faux contre un procès-verbal, elle doit le faire à peine de nullité, avant l'audience indiquée par la citation, et non pas seulement avant l'audience où la cause est appelée, surtout quand cette citation est postérieure de plusieurs jours, et si, dans ce dernier cas, le juge a donné acte au prévenu de sa déclaration, en fixant un délai pour le dépôt au greffe des moyens de faux, il n'en est pas moins tenu, lorsqu'il statue sur l'admissibilité de ces moyens, d'examiner si les formalités prescrites pour la validité de l'inscription de faux, ont été remplies, et, *à défaut d'accomplissement*, de rejeter les moyens de faux et d'ordonner qu'il sera passé outre; ainsi jugé par la cour decassation le 17 Février 1837, entre Forest et Forestier.

Comme l'inscription de faux contre un procès-verbal, peut avoir lieu en simple police, nous avons pensé qu'il serait nécessaire de connaître la décision que nous venons de rapporter, fondée sur les dispositions de l'art. 179 du code forestier, qui peuvent être consultées avec avantage à cet égard.

LVIII. Les lois qui modifient et règlent le degré d'autorité qui doit appartenir aux juges de paix et à leurs décisions, ne doivent point toucher au fonds du droit, ce qui est démontré par le rapport, quelquefois éloigné, mais qui existe, entre tel article ou tel principe que nous avons fait connaître.

TABLE DES MATIÈRES.

A

B

C

D

E

F

G

H

I

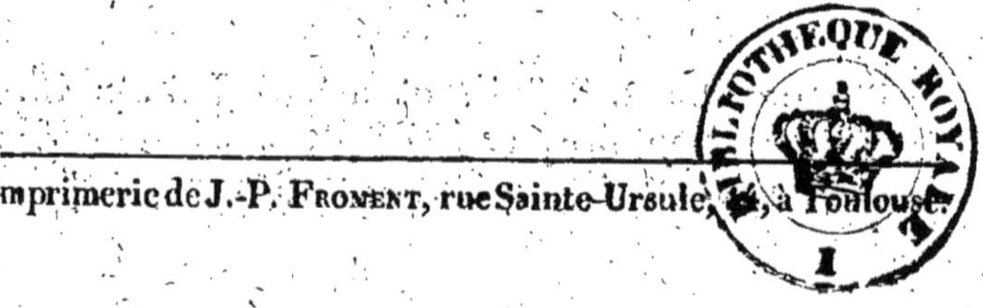

Imprimerie de J.-P. Froment, rue Sainte-Ursule, 14, à Toulouse.